EAU NON POTABLE

Renaud est ressuscité !

Du même auteur*

Certaines œuvres sont connues sous différents titres.

Romans

La Faute à Souchon : (Le roman du show-biz et de la sagesse)
Quand les familles sans toit sont entrées dans les maisons fermées
Liberté j'ignorais tant de Toi (Libertés d'avant l'an 2000)
Viré, viré, viré, même viré du Rmi !
Ils ne sont pas intervenus

Théâtre

Neuf femmes et la star
Les secrets de maître Pierre, notaire de campagne
Ça magouille aux assurances
Chanteur, écrivain : même cirque
Deux sœurs et un contrôle fiscal
Amour, sud et chansons
Pourquoi est-il venu ?
Aventures d'écrivains régionaux
Avant les élections présidentielles
Scènes de campagne, scènes du Quercy
Blaise Pascal serait webmaster
Trois femmes et un Amour
J'avais 25 ans
« Révélations » sur « les apparitions d'Astaffort » Jacques Brel / Francis Cabrel

Théâtre pour troupes d'enfants

La fille aux 200 doudous
Les filles en profitent
Révélations sur la disparition du père Noël
Le lion l'autruche et le renard
Nous n'irons plus au restaurant

* extrait du catalogue, voir www.ternoise.net

4

Stéphane Ternoise

Renaud est ressuscité !

Jean-Luc Petit éditeur - Collection Humour

Stéphane Ternoise
versant
chansons :

http://www.chansons.org

Tout simplement et logiquement !

Site officiel : http://www.ecrivain.pro

© Jean-Luc PETIT - BP 17 - 46800 Montcuq – France

Il y eut en 2012 *Je ne suis pas Renaud le chanteur* (*Parodies de chansons et sketchs*) et je pensais ne plus m'exprimer sur le sujet, même si trottait toujours dans ma tête l'idée d'un livre sur « les cohérences » et le « temps qui passe » avec des artistes dont la production devient une caricature de leurs jeunes années... Puis Renaud est ressuscité, il devrait même repartir sur les routes...

Un matin de mai 2016, le texte « *Renaud est ressuscité* » m'accaparait. Une variation, un jeu, sur « *Le Christ est ressuscité... Alléluia...* » Il faut toujours noter ce genre de "délires", le plus souvent ils tombent à l'eau... Mais là, j'en riais... Naturellement, immédiatement, l'adaptation sur nos ténors politiques me semblait nécessaire... Dans cette verve, de nombreuses parodies de la parodie peuvent jaillir des esprits "malsains", tordus ou simplement conscients qu'il nous reste la dérision face à ce monde-là... Juppé, Sarko... et même le François dont la résurrection reste plus difficilement imaginable que... la rime !... (cherchez un peu si elle ne vous saute pas aux yeux) Et tout fut déposé à la sacem...

Je ne suis pas chanteur. Intéressante occasion de le démontrer ! À une époque où le « *Toujours debout* » dépasse les cinq millions de vues sur Youtube et Sami Rama « *Afrique Occident* » éprouve des difficultés à atteindre la centaine.

D'où vient le fil conducteur ? J'ai été enfant de chœur ! Par obligation, non par choix : l'abbé Décobert l'avait demandé. Et une famille ne pouvait pas refuser le souhait de l'abbé Jean Décobert.

N'estropiez pas son nom ! Ne pas le confondre avec l'abbé Dégobert, même si certains prétendent l'avoir vu avec sa soutane à l'envers.

Je "chantais." Plusieurs prises ! En 1 minute 28. Dans mon magnifique "home studio" (*voice tracer* de chez Philips, moins de vingt euros chez Carrefour)... Comment dire ? Quelque part entre Renaud 2016 et Didier Super coqueluche de France-Inter, Ternoise revisite un chant scout, connu sur une musique du folklore traditionnel américain, interprété ici, comme dans nos églises lotoises, a capella.

Il restait à rédiger ce livre, pour lancer les produits en simultané, certes sans la puissance marketing de Warner Music ni l'amitié des journalistes, pas même l'attention des voyeuristes. Mais en comptant sur la vague nationale : Renaud est ressuscité !

« Serait-il impossible de vivre debout ? » Chantait Jacques Brel...
« Voilà que l'on se cache
Quand se lève le vent
De peur qu'il ne nous pousse
Vers des combats trop rudes... »

Nous en sommes là...

Renaud est ressuscité !

Renaud est ressuscité, Alléluia
TF1 l'a confirmé, Alléluia

500 000 galettes vendues, Alléluia
Des millions de clips vus, Alléluia

Il peut dire n'importe quoi, Alléluia
Une icone des médias, Alléluia

Renaud est ressuscité, Alléluia
France-Inter l'a confirmé, Alléluia

Peut-être le croient-ils debout, Alléluia
Ceux qui survivent à genoux, Alléluia

Renaud est ressuscité, Alléluia
Youtube l'a confirmé, Alléluia

Et voyez ce Youtube, chaîne Ternoise, pour l'interprétation…
Vous pouvez préférer passer par http://www.chansons.mobi (site Ternoise !)

Juppé, Sarko, François (et les autres) également...

Juppé est ressuscité

Juppé est ressuscité, Alléluia
TF1 l'a affirmé, Alléluia

Fini l'temps du mal aimé, Alléluia
Technocrate humanisé, Alléluia

Les sondages le donnent gagnant, Alléluia
Donc il plaît aux militants, Alléluia

Juppé est ressuscité, Alléluia
France-Inter a confirmé, Alléluia

Le meilleur des survivants, Alléluia
Dans un pays décevant, Alléluia

Juppé est ressuscité, Alléluia
Youtube a confirmé, Alléluia

Sarko est ressuscité

Sarko est ressuscité, Alléluia
TF1 l'a affirmé, Alléluia

Il contrôle l'appareil, Alléluia
Sa femme est toujours belle, Alléluia

Son Karcher rouille à Neuilly, Alléluia
Il f'rait qu'une bouchée d'Flamby, Alléluia

Sarko est ressuscité, Alléluia
France-Inter a confirmé, Alléluia

10

C'est un homme d'expérience, Alléluia
Il veut servir la France, Alléluia

Sarko est ressuscité, Alléluia
Youtube a confirmé, Alléluia

François est ressuscité

François est ressuscité, Alléluia
TF1 l'a affirmé, Alléluia

Les sondages sont remontés, Alléluia
Ils ne pouvaient plus baisser, Alléluia

Le chômage a reculé, Alléluia
Suffisait de patienter, Alléluia

François est ressuscité, Alléluia
France-Inter a confirmé, Alléluia

Un autre pourrait faire pire, Alléluia
Quel beau slogan d'avenir, Alléluia

François est ressuscité, Alléluia
Youtube l'a confirmé, Alléluia

« *Je ne suis pas Renaud* », un projet toujours sans imitateur...

Renaud... difficile d'écrire sur monsieur Séchan sans sombrer dans le sentimentalisme insipide. Le chanteur énervant a compté dans ma vie, mes révoltes... l'adolescence passe par des mots et des attitudes que l'on s'approprie... il en reste toujours quelque chose. Alors, forcément, devenu parodiste et auteur de sketchs, mon intérêt « professionnel » pour son œuvre était sûrement inévitable.

Les longueurs de Renaud m'ont parfois rebuté : douze couplets d'*Hexagone* à détourner, ça semble impossible... et pourtant, un jour, un texte prend forme...

Le projet de spectacle « *je ne suis pas Renaud* » existe. Qui osera se lancer dans ce défi ? Je ne suis pas chanteur.

Quand « *je ne suis pas Renaud* » scrute la politique française, la force des mots est démultipliée par l'inconscient collectif où figurent les chansons de monsieur Séchan. Sept parodies : *Deuxième génération Sarkozy, Germaine Carla, Gérard Lambert 25 ans plus tard : mister Lambard...*

Des sketchs aussi, enfin deux sketchs : *Renaud est au boulot* ou l'histoire d'un chanteur engagé auteur du slogan "Tonton laisse pas béton" en 1988 et cherchant celui de l'élection présidentielle 2012 et *Je ne suis pas Renaud*, introduction à une parodie pour un chanteur dont la voix présente quelques similitudes avec celle de son idole.

Un livre peut-être également utile dans les collèges, lors de l'étude de la parodie contemporaine...

Stéphane Ternoise http://www.parodiesdechansons.com et « naturellement » http://www.jenesuispasrenaud.com

Hexagone 40 ans plus tard

Ils prennent les paris au mois d'janvier
Sur la dérive de nos finances
Le déficit de notre budget
Et sur le taux de la croissance
Les banalités les égrainent
Ils ont tout vu rien retenu
Ils se contredisent sans gêne
À fond opposants ou lèches-culs

Ils veulent d'la neige en février
Pas chez eux mais dans une station
Les vacances c'est fait pour skier
Et ajouter d'la pollution
La France est un pays magique
On s'en fout de l'environnement
Tant qu'on a des zones touristiques
On continue impunément

On attend l'printemps au mois d'mars
Les arbres fruitiers peuvent bourgeonner
Les bourdons se décarcassent
Mais faut des fruits pas qu'en été
Les cerises sortent des chambres froides
Elles ont la saveur de la mort
Les résidus de pesticides
Mais on les ingurgite encore

Vivre dans ce petit hexagone
C'est une chance on l'oublie souvent
Et si l'président nous couillonne
On peut l'virer sans verser d'sang

Ils réfléchissent au mois d'avril
Comparent les plages les gîtes ruraux
Dès qu'le soleil un peu scintille
Y'a plus qu'les vacances dans l'cerveau
I s'font quand même quelques manifs
Pour l'industrie automobile
Contre la hausse du rosbif
Les radars à l'entrée des villes

Des salariés joyeux en mai
Les jours fériés c'est leur grand soir
Ils défilent pour commémorer
Mais oublient tout dans l'isoloir
Ils votent comme leur télévision
Si faciles à manipuler
Il suffit d'manier l'émotion
Et on d' t'donne les clés d'l'Elysée

Ils vérifient au mois de juin
Les RTT qu'ils ont d'jà pris
Ils voudraient une semaine au moins
Pour sortir d'la monotonie
Mais parfois ils ont l'regard sombre
Leur entreprise elle va moins bien
Ils pourraient bientôt être du nombre
Qui doit cesser de vivre grand train

Vivre dans ce petit hexagone
C'est une chance on l'oublie souvent
Et si l'président nous couillonne
On peut l'virer sans verser d'sang

Quoiqu'il arrive c'est en juillet
Qu'on a tous été des champions
Le football ça les fait vibrer

Le drapeau c'est leur religion
Leur Zidane ils en restent fiers
Même quand ils votent pour l'exclusion
L'incohérence est leur bannière
Mais au comptoir ils ont raison

Le mois d'août c'est fait pour bronzer
La canicule est ridicule
Si elle croit pouvoir les changer
Les crânes ils chauffent ou ils brûlent
Même les marées noires s'en balancent
Pourvu qu'on leur nettoie une plage
Ils plongent en toute incohérence
Même dans l'uranium ils nagent

En septembre trouvent qu'on les bassinent
Avec les tours jumelles tombées
La carte du monde ils la dessinent
Bien au centre le drapeau français
Va pas les dire égocentristes
Ils se croient solidaires mais si
Ils vont aux concerts des artistes
Qui chantent pour la démocratie

Vivre dans ce petit hexagone
C'est une chance on l'oublie souvent
Et si l'président nous couillonne
On peut l'virer sans verser d'sang

Toujours les vendanges en octobre
Des pesticides dans les tonneaux
Faut pas critiquer les vignobles
Ce s'rait la ruine le tout bio
Ils ont pollué toutes les terres

Agriculteurs contre santé
C'est le triomphe pour le cancer
Nous f'ront tous crever ces tarés

En novembre plus d'salon d'l'auto
Mais y'a l'mur de Berlin tombé
Ça fait toujours vendre des journaux
Les chroniqueurs aiment célébrer
Depuis qu'ils savent se connecter
Ils téléchargent tout en cadence
Ils consomment la médiocrité
Passent à côté d'une grande chance

En décembre toujours leurs grandes causes
Foie gras père-noël et cadeaux
Ils soignent dans l'excès leurs névroses
Ils voudraient gagner au loto
Not' président vont l'écouter
Y'a raison d'nous prendre pour des pions
Mais moi j'voudrais le voir tomber
Comme Félix Faure au réveillon
Vivre dans ce petit hexagone
C'est une chance on l'oublie souvent
Et si l' président nous couillonne
On peut l'virer sans verser d'sang

Œuvre originelle : Hexagone

Putain d'élections 2007

Putain c'est trop con
Putain d'élections
Est-ce qu'on mérite ça
Après deux Chirac
Sarko qui débarque
En face, ils laissent faire ça

J'espère au moins qu'Sarko
Foutra Chirac au chaud

Delors manqua son destin
Jospin s'est fait Balladurien
Et la guerre des clans nous condamne aux clampins
Doit bien y'avoir quelqu'un d'bien
Pour sauver la gauche du déclin
Décontaminer nos ruisseaux nos chemins

Putain j'ai la rage
Contre ce naufrage
Et contre ce jour-là
Ou faudra voter
Désillusionnés
En pensant à François

J'espère au moins qu'Sarko
Laiss'ra l'autre à Bordeaux

La France regarde ses pantins
Qui f'raient tout même pour un strapontin
Un peu partout y'a pourtant du bon grain
Sans écurie bin t'es rien
Les promesses restent sans lendemain
Putain d'clampins, putain d'coquins, d'comédiens

Voter on aimerait bien
S'comporter comme de vrais citoyens
Putain d'clampins, putain d'coquins, d'comédiens

Oeuvre originelle : Putain de camion
Auteur : Renaud Séchan
Compositeur : Franck Langolff

Cette chanson est interprétée par Christophe O'Neil, dans le *CD SARKOZY SELON TERNOISE.*
http://www.cdsarkozy.com

Femme en bronze
réalisée en 1998
par Flavio de Faveri

Germaine Carla

Elle habitait Carla
Un clapier de bourgeois
Quelque part dans l'seizième
Très loin des HLM
Les montres de chez Cartier
La déco Pompadour
Champagne à volonté
Et disons des p'tits fours
On y passait parfois
Elle disait souvent oui
Sauf quand un Guevara
Mich Jaeger ou Johnny
Reprenait Téléphone
Même en désaccordé
Ou un baby Alone
Pour la faire chavirer

Carla, Carla, un câlin ou un bécot
Les membres de la sacem, pour te crier je t'aime
Improvisent au piano
Carla, Carla, d'la philo et des jeux de mots
C'est toujours un problème, comment te dire je
t'aime
sans diamants ni euros

Ça sentait l'fric chez elle
Le bio d'Italie
On la disait rebelle
Brisée de nostalgies
Elle écoutait Malher
Pour noyer son chagrin
Se voulait solitaire

19

Quand elle plaquait quelqu'un
On en était tous fous
Même le regard Lubrique
On s'disait qu'un mois d'août
On verrait l'Amérique
Enfin bref chez Carla
On croyait en sa chance
Quand elle parlait tout bas
Quand elle rimait romance

Carla, Carla, un câlin ou un bécot
Les membres de la sacem, pour te crier je t'aime
Improvisent au piano
Carla, Carla, d'la philo et des jeux de mots
C'est toujours un problème, comment te dire je
t'aime
Sans diamants ni euros

Mais quand elle a choisi
Un clampin pas comme nous
Un qu'on disait enn'mi
Qu'elle l'a pris pour époux
En haut d'la tour Eiffel
Y'a des chanteurs sans joie
Orphelins d'leur Soleil
Ils chantent une dernière fois
Peuvent pas croire qu'elle soit folle
Qu'elle soit plus comme avant
À moins qu'elle joue un rôle
Comme final'ment souvent
On s'repasse Téléphone
Mais c'est du réchauffé
On peut rire un peu jaune
De notre destinée

Carla, Carla, un câlin ou un bécot
Les membres de la sacem, pour te crier je t'aime
Improvisent au piano
Carla, Carla, d'la philo et des jeux de mots
C'est toujours un problème, comment te dire je
t'aime
Sans diamants ni euros

Œuvre originelle : Germaine

Société j'suis à toi

Y'a eu Jordy avant moi
Y'a eu Sylvie avant lui
Après moi j'vous dis pas
Après moi c'est pas fini
On appelle ça la variété
Et je ne vois pas pourquoi
J'pourrais pas en profiter
Avoir un succès à moi

J'ai baisé 10 fois, 100 fois
J'ai hurlé même sans joie
J'ai fait c'qu'un chien ne f'rait pas
Juste pour signer un contrat
Société, société
Je suis à toi

J'ai applaudi bien des croûtes
J'ai connu bien des crétins
Partout on cherche la bonne route
On occupe les strapontins
J'ai vu c'qu'on faisait des filles
Dès qu'elles prennent des petites formes
J'ai joué au mec viril
Qui s'laisse croquer comme une pomme

J'ai baisé 10 fois, 100 fois
J'ai hurlé même sans joie
J'ai fait c'qu'un chien ne f'rait pas
Juste pour signer un contrat
Société, société
Je suis à toi
J'ai joué au bon camarade
Tendu la main aux copains

Mais quand y'a plus de salade
C'est chacun pour son boursin
J'ai vu comment s'y prenaient
Ceux qui vivent comme des rois
Adulés à la télé
Mais pas plus cultivés que moi

J'ai baisé 10 fois, 100 fois
J'ai hurlé même sans joie
J'ai fait c'qu'un chien ne f'rait pas
Juste pour signer un contrat
Société, société
Je suis à toi

Demain j'touch'rai le gros lot
Invité sur les plateaux
Car la variété vaincra
Le ruisseau refleurira
Mais en attendant, je tente
De me faire refaire la gueule
Je fais trop années soixante
J'plais pas du côté d'Auteuil

J'ai baisé 10 fois, 100 fois
J'ai hurlé même sans joie
J'ai fait c'qu'un chien ne f'rait pas
Juste pour signer un contrat
Société, société
Je suis à toi

Œuvre originelle : Société tu m'auras pas

Deuxième génération Sarkozy

J'm'appelle Junior et j'ai 20 ans
J'vis chez mon vieux à l'Elysée
J'ai mon BEP politique
J'suis un actif, j'sais me r'muer
J'suis un élu d'la République
Sainte Neuilly m'a ovationné

J'suis pas encore son député
Paraît qu'c'est à cause de mon âge
La prochaine fois j'me présent'rai
Pour cumuler les avantages
Tu sais qu'Conseiller Général
Papa m'a dit que c'est génial

J'ai rien à gagner, tout à prendre
C'est beau la vie
J'aime ce décor Disneyland
J'aime ces gens couchés
J'aime être servi
J'aime tout c'qui vous manque
Le confort et l'crédit

Papa voulait bien me marier
Avec une fille comme sa Carla
Une princesse avec une belle bouche
Une qu'y'a des trésors à la louche
Enfin tu vois une fille sympa
La fille Darty j'l'ai emballée

Quand on me traite de m'as-tu vu
Je prends l'accent qu'vous connaissez
Même si ça se passe en pleine rue
J'hésite jamais à m'expliquer

Même le troupeau qui est perdu
Faut lui apprendre à bien voter

J'ai en stock quelques proverbes
Pour fermer le bec aux neu-neus
Papa m'a donné ses combines
C'est mon héros il est superbe
Si parfois j'l'appelle mon vieux
C'est pour faire rire tu l'imagines

Je suis un jeune homme en smoking
Dont l'avenir est tout tracé
C'est vrai que mon ciel il est tout bleu
Comme m'a dit un jour une Delphine
Dans sa Porsche je l'avais baisée
Tu vois j'suis un jeune de banlieue

Y'a un autre truc qui m'branche aussi
C'est les stars de toutes sortes
Mireille jusqu'à la star du rock
Mais pas c'qu'ils écoutent dans les caves
Moi j'y vais pas y'a des souris
Y'a même parfois des betteraves

Si tu trouves ma chanson débile
C'est que t'es pas de ma République
J'ai eu Rimbaud dans mon cartable
Et mes rimes en ville elles brillent
J'suis un fan de Stenlay Kubrick
Et de Carla ça c'est normal

Des fois on m'dit qu'à trois mille bornes
De ma Neuilly y'a un pays
Avec les Bush à imiter
Ici y'aura les Sarkozy

25

Papa deux fois il va gagner
Et junior est super en forme

Alors comme je crois en l'avenir
J'me rime avec démocratie
Papa lui n'voudrait pas vieillir
N'veut pas qu'je l'pousse vers la sortie
Dans mes jambes j'ai comme des fourmis
Je suis comme tous les Sarkozy

Œuvre originelle : Deuxième génération.

Les Sarkos

On les appelle mondains mondaines
Ou clan Sarkos dans les webzines
On sait qu'ils vivent loin des HLM
Qu'ils connaissent tout des bonnes combines
Z'ont sûrement des échasses
Tellement ils nous regardent de haut
Les disent toutes neuves, leurs vieilles godasses
Regardez-les tout nouveau tout beau
Et leurs artistes caviars pas d'en bas
Le come-back c'est leur seul crédo
Ça piaffe dès qu'ça voit du média
Sans les retouches gare aux photos !

Les Sarkos, Les Sarkos,
Les Sarkos, Les Sarkos

Sardou j'peux pas le blamer
Son coeur n'a jamais battu à gauche
Johnny c'est un obstiné
S'r'ait prêt à partir au Cambodge
Si y'a pas d'impôts à payer
Barbelivien ça fait bien cinquante ans
Qu'il veut rev'nir à la télé
I peut faire chanteur, pour mal entendant

Se retrouvent dans un grand restaurant
Parlent d'implants et de faux biscotos
Ils pédalent qu'en appartements
Comme les bobos font du vélo

Les Sarkos, Les Sarkos,
Les Sarkos, Les Sarkos

27

Bernard Tapie s'est mis dans l'rang
Ma femme me dit qu'elle comprend pas
Prie pour l'retour de Mitterrand
S'il gagne ses procès tu comprendras
Ils rient avec Christian Clavier
Ou quand Artur marche sur les mains
Font des mimiques sur TF1
Ont même leurs minorités
J'comprendrai jamais Enrico
Faudel qu'est-ce qu'il doit s'emmerder
D'écouter le Doc Gyneco

Les Sarkos, Les Sarkos,
Les Sarkos, Les Sarkos

Z'ont même un type philosophie
André Glu je retiens jamais
J'l'imagine avec Sarkozy
Comme de la Suze dans le café
Pensent tous travailler à leur gloire
Sans savoir qu'la gloire s'en fout
Des combines et des Bigards
Z'auraient fait pareil avec Bayrou
Ç'aurait pu être pire pardi
Delanoé Gilbert Bécaud
Auraient sablé le Pastis
Avec Ruquier et Denisot

Les Sarkos, Les Sarkos,
Les Sarkos, Les Sarkos
Tous ils applaudissent Mireille
La ressuscitée du troupeau
Sa *Marseillaise* elle fut nickel
Les veaux parfois frétillent du museau

La gauche peut pas tell'ment critiquer
Z'avaient Dalida et Ribeiro
Maint'nant z'ont les bobos friqués
Moi j'crois tout simplement qu'il faut
Savoir garder plume très très fine
Savoir rester du côté show
J'suis pas à l'abri, j'm'imagine
Comme pantin d'Bayrou ou d'Ségo

Œuvre originelle : Les bobos

Comme un écrivain indépendant

Gérard Lambert 25 ans plus tard : mister Lambard

21 avril 02
Dans la banlieue où il vieillit
Au volant d'sa vieille 4 L verte
Gérard Lambert retourne chez lui
Quand il croise des mobylettes
Sûr qu'il sourit
I s'dit qu'en 25 ans l'décor
C'est pas une grande révolution
Sauf les p'tits beurs, il leur donne tort
L'aime pas leurs danses, pas vous ? Ah, bon
Gérard Lambert roule très vite
Is'souvient d'sa première chanson
Gérard Lambert va prendre une cuite
Il est pas fier dans son blouson
I s'dit qu'il est d'ces gens qui votent
Comme des cons
Dans la cité c'est un vrai drame
Tout le monde a pris le virage
Même les anciens d'paix au Vietnam
On dirait que tous ont la rage !

T'aurais pas dû mister Lambard
Hier soir acheter du pastis
T'aurais mieux fait d'aller revoir
La p'tite Alice

D'puis qu'a brûlé sa SIMCA 1000
Les politiques il les maudit
C'est d'leur faute les bidonvilles
Et tous ses potes ils pensent comme lui
Leur refrain c'est on a la haine
Et on s'ennuie

Qu'est-ce qu'on peut faire, bordel de Dieu ?
C'est ainsi qu'il s'est décidé
Pas voter pour que ça aille mieux
Mais pour dire qu'on est dégoûté
Dans l'rétro il aime pas ses yeux
I's'dépêche pour s'vider une gniole
Et pis après, une bière puis deux
Comme ça, tranquillement, sans plaisir
Faut bien qu'la honte passe comme elle peut
L'vla énervé

I va s'faire un cocktail à lui
Avec ça un belge peut qu'vomir
Mais lui c'est son titre de gloire
Son estomac de vrai ch'ti mi

T'aurais pas dû mister Lambard
Hier soir acheter du pastis
T'aurais mieux fait d'aller revoir
La p'tite Alice

Alors pendant un bon quart d'heure
Il ingurgite sa ratatouille
Puis il s'endort comme un branleur
La tête effondrée sur les coudes
Quand soudain une clameur se lève
Putain d'télé
À c'moment-là un type plastronne
Un vieux roublard aux cheveux blonds
Et qui dit il faut me suivre
Votez pour changer la nation
Votez pour moi vous serez libres
On n'vol'ra plus les mobylettes
Les flics pourront jouer du calibre

On f'ra des charters des brouettes
D'abord ce s'ront les maghrébins
Ou les Youpins

Alors d'un coup d'clé à molette
Bien placé où il se peut que
Mister Lambard éclate la tête
D'la télé aussi un peu

Faut pas narguer Gérard Lambert
Quand y s'sent du camp malhonnête
C'est la morale de la saison
Moi elle me fouette
Pas vous ? Ah, bon...

Œuvre originelle : Les aventures de Gérard Lambert

Figeac
Vitrail de Joseph Villiet

Renaud est au boulot

Renaud est au boulot... Renaud, le chanteur qui roule au super écolo... On ne sait pas s'il passera le prochain contrôle technique du studio mais j'ai bien dit au boulot... Faut pas faire semblant d'avoir compris au goulot. Faut pas prendre l'humoriste pour un cynique !

Renaud est au boulot... Parce qu'en 1988...

(*en aparté :*) Paraît que c'est son frère qui lui a rappelé...

En 1988, notre Renaud national, notre chanteur énervant préféré, avait lancé le slogan de la campagne présidentielle, le slogan qui servait la mise en scène d'une gauche qui ne voulait surtout pas prendre le risque d'une victoire de Jacques Chirac. Alors que François Mitterrand, malgré son cancer, savait très bien qu'il se représenterait, car il ne voulait surtout pas prendre le risque que lui succède à l'Elysée son pire ennemi, Michel Rocard !

Bref, Renaud avait cartonné avec son "Tonton laisse pas béton."

24 ans plus tard, le cerveau de Renaud a des difficultés à bien se concentrer sur son objectif, alors il cherche dans son dictionnaire de rimes, un truc qui dirait à Sarko de laisser la place à François de Corrèze.

Tonton, béton, désintoxication.

Renaud cherche.

(*voix de Renaud :*) : "Ton ton, laisse pas bé ton."

Le problème se pose dès l'introduction. Quel terme remplacera "tonton"... tout en renvoyant dans l'inconscient collectif ce slogan d'enfer du printemps 1988 ?

33

Gaston ? Croûton ?

Renaud s'est promis de ne plus toucher une bouteille de Pastis avant d'avoir trouvé... Renaud tremble... oui, comme Gérard Lambert sur sa mobylette. Alors il prend toute sa pile de *Libération*... le journal... et cherche des rimes à Tonton dans les articles sur Sarkozy. Avions, Fauchon, forcément il tombe sur le "*casse-toi pov con.*" Forcément il a en bouche pâteuse un "Sarko, Casse-toi pov con" mais ça manque de rimes "*Sarkon, Casse-toi pov con*", il a la lucidité, avant l'intervention de son frère assis dans le fauteuil devant la fenêtre, de repousser l'expression d'un geste de la main droite signifiant sûrement "*c'est pas du niveau de l'auteur de Miss Magie.*"

Alors il continue à feuilleter, déchiffrer, chiffonner, ses vieux *Libé*.

Il réfléchit au moins 300 minutes sur l'inflation de Rachida Dati.

Et il s'endort devant Télé Foot, son frère vient poser une couverture sur ses pieds.

Et ça recommencera comme ça, peut-être jusqu'en mai... 2017 !

Je ne suis pas Renaud (le texte)

Merci... Vous êtes bien plus nombreux que le premier soir, le soir de mon premier concert. Et vous applaudissez beaucoup plus fort.
Ce soir-là, vers 22 heures... 22 heures 12 pour être précis. Je savais que ça allait entrer dans l'histoire, alors j'ai regardé ma montre, une montre à 10 euros... mais comme je n'avais pas encore 50 ans et qu'en plus Jacques Séguela était encore Mitterrandiste et ne montrait sa Rolex qu'à Julien Dray... Je ne m'inquiétais pas... Bref, ce soir-là, un mec qui ressemblait à Jacques Séguela sans montre, il me tape sur l'épaule, alors que je décompressais... à la main un modeste... jus d'orange... oui, y'avait des spots... oui, oranges...
Et il me balance comme ça, le faux Jacques Séguela : « *c'est super ce que tu fais mais.* » C'est ça le problème, quand une phrase débute par « *c'est super ce que tu fais* » y'a quasiment toujours un « mais » derrière « *mais t'as un problème, ta voix ressemble trop à celle de Renaud.* »
Et comme il devait avoir de l'humour, au point que je me suis demandé s'il ne s'agissait pas de Julien Dray déguisé en Jacques Séguela, il ajoute « *et tout le public pensait comme moi.* »
Ce soir-là, on était plus nombreux sur scène que dans le public. Le faux Jacques Séguela ou Julien Dray, était notre seul et unique spectateur, pour mes débuts de chanteur.
Alors, revenu devant mon ordinateur, j'ai tapé Renaud. Et y'avait plus de réponses que pour Gérard Lambert ! Renault concessionnaire, Renault garage, Renault occasions, Renault pièces détachées.
Alors j'ai tapé Renaud chanteur. Et là je suis tombé sur « *je ne suis pas Renaud point com* »... y'avait un texte...

je ne sais pas si vous connaissez… peut-être quand même que la musique vous rappellera quelques souvenirs. (*il enchaîne sur une parodie de Renaud*)

Lavoir
Mas de Jarlan
(Vidaillac)

Malgré tout

Que reste-t-il d'une vie de chanteur ? Que retiendra-t-on de Didier Barbelivien, Francis Cabrel ou Michel Sardou ?

« *Toujours Debout* » ? Certes, il est sûrement possible d'apprécier ce titre sous le versant de la thérapie, une forme d'exercice d'autopersuasion... Mais quand même pas passer à l'acte d'achat. C'est même presque un crime : va-t-il convertir ses droits d'auteur en Pastis ?

Alors, malgré tout, ce n'est pas désagréable, de réécouter *Hexagone, Les charognards, Miss maggie, La médaille* ou fredonner :

Cinq cents connards sur la ligne de départ
Cinq cents blaireaux sur leurs motos
Ça fait un max de blairs
Aux portes du désert
Un paquet d'enfoirés
Au vent du Ténéré...

Stéphane Ternoise

Un peu plus d'informations

Né en 1968

http://www.ecrivain.pro essaye d'être complet, avec un "blog" (je préfère l'expression "une partie des chroniques"). Mais il ne peut naturellement pas copier coller l'ensemble des textes présentés ailleurs.

http://www.romancier.net
http://www.dramaturge.net
http://www.essayiste.net
http://www.lotois.fr

Les noms de ces sites me semblent explicites...
Le graphisme reste rudimentaire. Tant de choses à faire...

http://www.salondulivre.net le prix littéraire a lancé sa treizième édition. Une réussite d'indépendance. Mais peu visible...

En juillet 2015, le catalogue de Stéphane Ternoise dépasse la barre naguère inimaginable de la centaine. Il est constitué de romans, pièces de théâtre, essais mais également de photos, qu'elles soient d'art (notion vague) ou documentaires (présentation de lieux, Cahors, Cajarc, Montcuq, Beauregard, Golfech...), publications pour lesquelles l'investissement en papier est impossible, sauf à recourir à l'impression à la demande. Il en est ainsi...

Mentions légales

Site officiel : http://www.ecrivain.pro

Au sujet de notre sacem :
La sacem ? Une oligarchie ! http://www.oligarchie.fr

Dépôt légal à la publication au format ebook du 27 mai 2016.
Imprimé par CreateSpace, An Amazon.com Company pour le compte de l'auteur-éditeur indépendant.

ISBN 978-2-36541-724-2
EAN 2365417248

Renaud est ressuscité ! de **Stéphane Ternoise**
© **Jean-Luc PETIT - BP 17 - 46800 Montcuq-en-Quercy-Blanc - France**

www.ingramcontent.com/pod-product-compliance
Lightning Source LLC
Chambersburg PA
CBHW071939020426
42331CB00010B/2938